AF483004

ALLOCUTIONS
ET DISCOURS

PRONONCÉS

AUX CONGRÈS NATIONAUX DE LYON ET DE BORDEAUX

POUR

L'AMÉLIORATION DU SORT DES SOURDS-MUETS

ET AU

CONGRÈS INTERNATIONAL DE MILAN

PAR M. AUGUSTE HOUDIN

CONGRÈS NATIONAL DE LYON (1)

DISCOURS DE CLOTURE

(25 septembre 1879)

(Extrait du compte rendu sténographique.)

MESSIEURS ET CHERS COLLÈGUES,

En m'appelant à l'honneur de présider ce congrès, cette réunion d'hommes aussi distingués par l'esprit que par le cœur qu'a formée et qu'anime le souffle de la charité, vous m'avez donné l'un des plus doux et des plus chers témoignages qu'il m'ait été donné de recueillir dans ma vie.

En appelant d'abord à l'honneur de la présidence notre vénéré maître et ami M. Léon Vaïsse, que des raisons de santé

---

(1) COMPOSITION DU BUREAU : *Président*, M. AUG. HOUDIN, Directeur-Fondateur de l'Institution des sourds-muets de Passy-Paris pour l'enseignement de la parole ; *Président d'honneur*, M. LÉON VAÏSSE, Directeur honoraire de l'Institution nationale des sourds-muets de Paris ; *Vice-Présidents*, MM. l'abbé BONNARDET, Délégué de S. Em. le cardinal archevêque de Lyon, et ÉMILE GROSSELIN, chef du service sténographique à la Chambre des députés ;

ont empêché d'accepter le bénéfice de vos suffrages, et en m'y appelant moi-même après lui, votre pensée était sans doute d'avoir pour Président un homme avant tout spécial, un vétéran de notre enseignement, et j'en conclus que c'est à mon long labeur, à mon dévouement sans bornes à la cause des sourds-muets et de leur enseignement, aux quelques services que j'ai eu le bonheur de pouvoir leur rendre, que je dois la faveur de votre choix. Je suis alors plus heureux et plus fier que jamais du peu que j'ai pu faire, et, en quittant Lyon, j'emporterai de vos suffrages un souvenir qui doublera mon courage et mes forces dans la continuation de l'œuvre à laquelle je les dois, et à laquelle chacun de nous a voué sa vie.

Messieurs, notre congrès va tout à l'heure être clos, et nous allons nous séparer. Permettez-moi, avant cette clôture et cette séparation, d'abord de vous remercier à la fois de l'honneur que vous avez bien voulu me faire, de la confiance que vous avez bien voulu me témoigner et des bonnes paroles que vient de nous adresser, en votre nom, M. le chanoine Bourse (1), et ensuite de vous communiquer les dernières réflexions que me suggèrent les travaux de notre laborieuse session (2), réflexions que peut-être vous voudrez bien considérer, aujourd'hui, comme le dernier mot du congrès, et demain, comme son dernier écho.

Nous avons siégé assidûment six heures par jour, et nous allons partir avec la satisfaction d'avoir traité et résolu, sinon avec tous les développements qu'elles comportent, mais au moins d'une manière suffisante, quant à présent, toutes les questions de notre programme.

Quelles que soient les restrictions que vous avez cru devoir apporter à l'enseignement de la parole, il n'en reste pas moins

---

Secrétaires, MM. Ernest La Rochelle, de la Bibliothèque nationale, et Jacq. Hugentobler, Directeur-Fondateur du Pensionnat des sourds-muets de Lyon pour l'enseignement de la parole; *Trésorier*, M. l'abbé Goyatton, Directeur de l'Institution des sourds-muets de Bourg (Ain).

(1) Voir page 6.

(2) Le Congrès avait tenu six longues séances, du lundi 23 septembre au mercredi 25 inclusivement.

bien constaté et bien acquis, par les termes mêmes de vos résolutions, que la supériorité de cet enseignement est la pensée et la conviction de vos esprits (1). C'est qu'en effet il est bien le meilleur, c'est qu'il produit les meilleurs résultats, et que, seul, il résout, aussi complètement que possible, le problème de l'éducation des sourds-muets, donné partout et toujours en ces termes : « Rapprocher le plus possible le sourd-muet de l'entendant parlant. »

On pourra dire que le congrès de Lyon a reculé. Pour moi, il n'a été que prudent et non pas rétrograde; il a rendu justice à l'enseignement de la parole et ne s'est arrêté que devant ses difficultés d'application. En ajournant ainsi le moment décisif où il deviendra l'enseignement de toutes nos écoles, il a plutôt affirmé que nié. *Patiens quia æternus*, notre enseignement sera patient, parce qu'il a pour lui l'avenir, un avenir assuré, et que son heure est marquée dans l'évolution inéluctable des progrès, comme l'heure de la maturité du fruit l'est dans le cours invariable des choses.

En attendant, nous, ses hommes, ses soldats convaincus et persévérants, nous continuerons à faire parler les sourds-muets, et, pour vous mettre à même d'y constater nos résultats, nous vous ouvrons toutes grandes nos classes comme vous sont ouverts nos cœurs. Venez-y voir et entendre nos élèves, et vous y verrez qu'elle n'était pas exagérée cette exclamation récente d'un journal de Paris : « Elle est devenue réelle la métaphore célèbre de Rousseau, *une voix qui se fait entendre aux yeux !* » Vous y verrez qu'elles sont bien autrement réalisées par la parole que par la mimique ces paroles des livres saints qui sont inscrites dans la chapelle de l'Institution nationale de Paris : « *Les sourds entendent, les muets parlent !* »

---

(1) Le congrès, tout en reconnaissant la supériorité de l'enseignement de la parole sur l'enseignement mimique, avait cru devoir faire ses réserves en faveur de ce dernier qu'il n'avait voulu ni condamner ni exclure, et pour lequel il avait au contraire réclamé une part très large, dans nos écoles, à côté du premier. Cette mesure était d'ailleurs plutôt suspensive que résolutive, a dit depuis M. le chanoine Bourse, un des membres les plus distingués du congrès.

Il y a tout à l'heure quarante ans, Messieurs, j'étais encore plus attaché à la mimique que vous ne l'êtes, car alors ma foi en elle était exclusive de toute autre ; c'est qu'alors je n'avais pas vu, mais depuis il m'a été donné de voir, et il y a plus de trente ans déjà que j'ai trouvé mon chemin de Damas. Venez, et, en passant par chez nous, vous y trouverez le vôtre. Vous l'y trouverez, j'en suis sûr, car je vous connais maintenant : vous êtes des hommes éclairés, des hommes de cœur et de bonne volonté.

Vous avez reconnu la supériorité de la parole, surtout pour *rendre le sourd-muet à la société ;* mais « rendre le sourd-muet à la société, » n'est-ce pas là précisément notre mission ! Dès l'instant que vous aurez constaté la possibilité de rendre par la parole le sourd-muet à la société, je suis bien sûr, hommes de cœur et de bonne volonté, qu'aucun obstacle ne vous arrêtera et que vous marcherez des premiers avec nous !

Messieurs, les trois bons jours, si remplis et si courts, que nous venons de passer ensemble sont désormais pour nous tous et pour notre enseignement une date, une promesse et un gage. Ils sont pour nous une date de rapprochement et d'union, et pour notre enseignement une promesse de progrès, un gage d'avenir.

Ayant appris à nous connaître, nous avons certainement appris à nous aimer, et, de loin comme de près, nous resterons unis dans la pensée et l'aspiration communes, le bien des sourds-muets. Unis, la lumière se fera par le contact : l'étincelle jaillit bien du choc de deux cailloux ! Unis, les divergences d'opinion, que trois jours seulement ont déjà en partie effacées, s'effaceront tout à fait, et, avec le concours de toutes les bonnes volontés, les difficultés s'aplaniront. L'union fait la force ; unis, nous serons forts, et des horizons nouveaux s'ouvriront devant nous, au profit des faibles et des isolés !

Le gouvernement, qui ne peut être animé que d'intentions généreuses à notre égard, mais qui ne peut pas nous tendre la main avant que nos preuves ne soient bien faites, finira par reconnaître, en nous voyant marcher en avant si unis et si forts, que l'enseignement de la parole est vraiment le plus grand bienfait dont on puisse doter le sourd-muet ; qu'affirmé comme tel par les congrès de Paris et de Lyon, il ne peut pas être une vaine utopie, mais qu'il est la chose sérieuse et féconde, à de certaines conditions parfaitement réalisable, que nous lui garantissons. Et alors il prêtera certainement son puissant appui à nos légitimes aspirations, à nos libérales revendications !

Et du sein de cette belle France, dont la spontanéité et la générosité sont proverbiales, surgiront partout, espérons-le, le jour où l'on nous connaîtra mieux, des dévouements inattendus, des secours inespérés, qui nous permettront de réaliser, dans toute son étendue, le bien que nous voulons et que nous aurons préparé pour trente mille de nos compatriotes déshérités !

Emportons, Messieurs, cette bonne espérance au cœur ; et, en retournant, reposés et réconfortés, chacun à nos foyers et à nos travaux, attachons-nous plus que jamais, de tous les points du territoire, à l'œuvre commune et sainte !

En 1871, au milieu des désastres de la guerre, j'adressais, en le quittant, à un bon ami de Bretagne, quelques strophes d'adieux, dont l'une se terminait ainsi :

« Et pour nos âmes sœurs la distance, effacée,
« Ami, ne mettra plus de barrière entre nous ! »

Laissez-moi, Messieurs et chers collègues, vous répéter ces deux vers, et, en vous les adressant à vous-mêmes aujourd'hui, insister tout particulièrement sur le bon titre qu'ils contiennent et la douce perspective dont ils sont l'expression.

Courage donc ! Courage et espérance ! Un jour viendra où, selon les paroles du premier apôtre en France de l'enseignement de la parole : « *il n'y aura plus de sourds-muets, mais des sourds-parlants,* » et vous contribuerez vous-mêmes, j'en suis convaincu, à l'accomplissement de cette grande œuvre, car, avec une noble et sainte cause entre les mains, vous avez tous la charité au cœur, et vous trouverez toujours, pour vous venir en aide, sur la terre des hommes de bonne volonté, et là haut, Dieu ! (Vifs applaudissements.)

Le discours de M. Aug. Houdin avait été précédé des paroles suivantes de M. le chanoine Bourse, directeur de l'Institution des sourds-muets de Soissons :

MONSIEUR LE PRÉSIDENT,

Avant la clôture des travaux du congrès, permettez-moi de me faire l'interprète de tous mes honorables collègues pour transmettre à tout le bureau, et en particulier à vous, Monsieur le Président, tous nos remerciements pour le soin attentif avec lequel les débats ont été dirigés, l'impartialité et la bienveillance si grandes avec lesquelles vous avez écouté et suivi toutes les discussions qui se sont produites. Ces discussions ne se sont élevées que dans l'intérêt du bien. Tous, nous avons prouvé, et vous, messieurs en particulier qui ne partagez pas toutes nos convictions, vous avez prouvé que vous n'aviez que le désir de la lumière la plus grande, et que le désir surtout du bien intellectuel et moral de nos pauvres sourds-muets. Nous vous en remercions donc du fond du cœur, et nous vous prions d'accepter cet hommage de notre reconnaissance. (Applaudissements.)

CONGRÈS INTERNATIONAL DE MILAN

ALLOCUTION

PRONONCÉE

Dans la séance d'ouverture [1] (6 septembre 1880

(Extrait du compte rendu sténographique.)

MONSIEUR LE PRÉSIDENT, MESSIEURS,

Le congrès français de Lyon, en 1879, a décidé que les

---

(1) BUREAU PROVISOIRE : *Président*, M. le Préfet de la province de Milan ; MM. le comte GIULO BELINZAGHI, maire de Milan ; CESAR CORRENTI et GIULO

membres de son bureau seraient envoyés comme délégation nationale au congrès international de Milan. Président du congrès de Lyon, je me trouve investi de l'honneur de présider cette délégation, et j'ai l'honneur de vous la présenter. Elle est composée de MM. Léon Vaïsse, directeur honoraire de l'Institution nationale des sourds-muets de Paris, président d'honneur ; Auguste Houdin, directeur-fondateur de l'Institution des sourds-muets de Paris-Passy, pour l'enseignement de la parole, président ; Émile Grosselin, chef du service sténographique à la Chambre des députés, et le chanoine Bourse, directeur de l'Institution des sourds-muets de Soissons, vice-présidents à Lyon ; J. Hugentobler, directeur-fondateur du pensionnat des sourds-muets de Lyon, pour l'enseignement de la parole, et Ernest La Rochelle, de la bibliothèque nationale à Paris, secrétaires ; l'abbé Goyatton, directeur de l'Institution des sourds-muets de Bourg, trésorier.

Permettez-moi, Messieurs, au nom de la délégation française, et je crois pouvoir dire au nom de tous les amis et professeurs français des sourds-muets dont pas un ne manquera de s'associer à mes paroles, de vous exprimer les sentiments que nous avons l'honneur d'apporter au congrès et à votre belle terre ensoleillée de l'Italie.

A l'Italie, à son sang chaud et généreux, à son génie artistique et littéraire, à son culte pour la sience, pour le progrès, pour l'humanité, nous apportons l'hommage de notre admiration et de nos chaudes sympathies internationales ; aux professeurs et amis italiens des sourds-muets, aux membres de ce congrès qui ont voué leur vie ou donné leur cœur à la cause et à l'enseignement que nous venons tous défendre ici, nous apportons l'hommage de notre admiration et de nos chaudes sympathies confraternelles. (Applaudissements.)

Bianchi, députés au Parlement ; le docteur Aug. Zucchi, Président du comité local d'organisation du congrès ; l'abbé Tarra, Secrétaire ; Léon Vaïsse, Vice-Président du comité central à Paris ; Aug. Houdin, Président de la délégation française ; Ernest La Rochelle et J. Hugentobler, Secrétaires ; les membres des deux comités et ceux de la délégation.

Il y a vingt ans, Messieurs, nous venions déjà en Italie et nous y venions en armes, — non pour vous combattre, la France et l'Italie sont sœurs, et Dieu veuille qu'elles ne l'oublient jamais ! — mais pour combattre avec vous et pour vous, pour la cause de votre indépendance et de votre nationalité ! (Applaudissements.) Aujourd'hui, nous revenons, mais sans armes, Dieu merci ! (Applaudissements) pour combattre encore avec vous, et pour une cause plus grande et plus belle encore, s'il est possible, que celle d'une indépendance et d'une nationalité... pour la cause de l'humanité ! (Applaudissements.)

Nous avons triomphé il y a vingt ans ; nous triompherons encore, espérons-le ; et, cette fois, sans qu'il en coûte ni une goutte de sang, ni une larme, mais au contraire en fermant la plaie qui saigne au cœur de tant de mères, et en essuyant les larmes qui coulent de leurs yeux ! (Applaudissements.)

Un dernier mot. Les professeurs italiens, qui nous ont fait l'honneur d'assister l'année dernière au congrès de Lyon, ont eu la gracieuseté, en me serrant la main à Milan, de me rappeler les dernières paroles que j'avais eu la bonne fortune de pouvoir prononcer pour la clôture de ce congrès.

Puisqu'on a bien voulu garder si bon souvenir de ces paroles, permettez-moi, Messieurs, de les répéter, sans y rien ajouter, à l'ouverture du congrès de Milan.

J'ai dit à Lyon et je répète à Milan, avec plus de confiance encore, que l'enseignement de la parole aux sourds-muets aura son jour. J'ai dit à Lyon et je répète à Milan qu'il l'aura parce que, reconnu plus que jamais possible, il est un bienfait et une bénédiction pour nos pauvres déshérités, et parce qu'il y a sur la terre des hommes de bonne volonté, et, là haut, un Dieu ! (Vifs applaudissements.)

ALLOCUTION

PRONONCÉE

Dans la séance de Clôture [1] (11 septembre 1880)

(Extrait du compte rendu sténographique.)

MONSIEUR LE PRÉSIDENT, MESDAMES, MESSIEURS,

Appelé à l'honneur d'occuper la vice-présidence réservée à la France dans ce congrès international, je croirais manquer à l'un de mes devoirs, au plus doux de mes devoirs, si je ne remerciais pas, au nom de mes compatriotes, au nom de mon pays, l'Italie, la ville de Milan, ses autorités, nos confrères italiens du chaud accueil qui nous a été fait, et tous nos confrères de différentes nationalités de leur précieux concours, et de la bonne cordialité qui n'a cessé de présider à nos débats et à nos relations.

Pour nous, Français, nous savions trouver en Italie, plus que de vaillants et aimés confrères, plus que nos collaborateurs dans la conception et l'organisation de ce congrès, nous savions y trouver des frères dans la grande famille latine, et des frères dans l'histoire dont plus d'un nom, plus d'une date, plus d'une gloire se trouve être notre patrimoine commun ; mais la légitime émotion et la légitime fierté que nous en ressentions ne nous aveuglaient pas, et nous savions que, dans sa générosité et sa justice, l'Italie, ouvrant son cœur, et

---

(1) BUREAU : *Président*, M. le Préfet de Milan, assisté de MM. CESAR CORRENTI et GIULO BIANCHI, députés, de M. le docteur A. ZUCCHI, et du Bureau du congrès, ainsi composé : *Président*, M. l'abbé TARRA ; *Vice-Présidents*, pour l'Angleterre, M. J.-L. PEET ; pour l'Allemagne, M. EDM. TREIBEL ; pour la France, M. AUG. HOUDIN ; pour l'Italie, M. le Père MARCHIÔ ; *Secrétaire général*, M. PASQ. FERRARI ; *Secrétaires :* pour l'Angleterre, M. KINSEY ; pour l'Allemagne, M. HUGENTOBLER ; pour la France, M. l'abbé GUÉRIN ; pour l'Italie, M. l'abbé LINO LAZZERI.

tendant la même main à tous les hommes de bien venus ici à notre appel en franchissant les monts et les mers, dirait à tous : « Hôtes de l'Italie, vous êtes tous ici des frères, vous êtes tous ici chez vous ! » (Applaudissements.)

Elle l'a fait. Merci, pour notre part à l'Italie ! Et puisse ce pacte d'union signé déjà par la nature et l'histoire entre elle et nous, resigné et comme consacré ici entre tous par la science et la charité, n'être jamais rompu ! Assez de guerres, assez de sang, assez de larmes ! Puissions-nous n'en jamais revoir chez nous, nous tous qui sommes ici, et n'y voir d'autres luttes que nos luttes pacifiques, et d'autres revendications que nos revendications humanitaires ! (Applaudissements.)

En attendant, merci aussi et en particulier à Milan ! Son nom restera écrit en lettres d'or dans les annales de l'enseignement des sourds-muets ; le souvenir de son hospitalité restera écrit en lettres d'or dans nos cœurs français ! (Applaudissements prolongés.)

CONGRÈS NATIONAL DE BORDEAUX

DISCOURS

PRONONCÉ

Dans la séance d'ouverture [1] (8 août 1881)

(Extrait du compte rendu analytique.)

ÉMINENCE, MESDAMES, MESSIEURS,

Au moment de prendre la parole ici, dans cette grande et hospitalière cité et devant cette assemblée d'élite qui veulent

---

(1) BUREAU PROVISOIRE : M. HENRI DONIOL, Préfet de la Gironde, Président du comité local d'organisation, *Président*; S. Em. le cardinal DONNET, archevêque de Bordeaux, l'un des Présidents d'honneur du comité local; AUG. HOUDIN, Directeur-Fondateur de l'Institution de famille de Paris-Passy

bien nous faire l'honneur de s'associer à nos efforts, dans une pensée commune de progrès et d'humanité, une double et profonde émotion remplit mon âme : c'est celle du souvenir et celle de l'espérance !

Mon souvenir et mon espérance, je vais vous les dire, si vous me le permettez, et ce sera tout mon discours.

Il y a trente-cinq ans, je quittais cette ville où j'avais passé les plus belles années de ma jeunesse, où j'étais né à la vie de la pensée et du travail, et à laquelle je restais attaché par des liens impérissables d'affection et de reconnaissance. Je la quittais après de laborieuses années d'observation et de pratique dans l'art d'instruire les sourds-muets, passées au sein de sa belle institution nationale, aujourd'hui presque séculaire et que tant d'autres cités lui envient, et, en partant, je me demandais si cette chose admirable que j'y avais vu accomplir, et à l'accomplissement de laquelle j'avais eu le bonheur de participer un peu, la régénération intellectuelle et morale des déshérités de l'ouïe et de la parole, ne pourrait pas, par de plus grands efforts, être portée plus loin qu'elle ne l'était alors.

Je me demandais si le sourd-muet, instruit jusque-là par la mimique et l'écriture, initié déjà par elles aux choses de la vie et rapproché ainsi de la société, ne pourrait pas entrer eu possession de notre parole articulée, le moyen de communication général, lire cette parole sur les lèvres des autres, agrandir par elle le cercle de ses connaissances et de ses relations, et n'être plus seulement cette fois rapproché de la société, mais introduit et réellement introduit dans son sein ? L'idée avait été autrefois efficacement appliquée en France, elle n'avait pas cessé de l'être dans un pays voisin ; elle n'était alors

---

pour l'enseignement de la parole, Président du comité central d'organisation ; Ouvré, Recteur de l'Académie de Bordeaux, l'un des Vice-Présidents du comité local ; J. Marmottan, Trésorier général de la Gironde, Trésorier du comité local ; le chanoine Bourse, Directeur de l'Institution des sourds-muets de Soissons, Vice-Président du comité central ; Em. Grosselin, chef du service sténographique à la Chambre des députés, Vice-Président du comité central ; Gustave Huriot, Directeur de l'Institution nationale des sourdes-muettes, Secrétaire du comité local, *Secrétaire* ;

repoussée parmi nous, tout en y conservant quelques rares sympathies, que par suite de difficultés d'application très réelles mais non pas invincibles, et j'emportais de Bordeaux la résolution de lui consacrer désormais tout ce qu'il plairait à la Providence de me donner de force et de vie.

Voila le souvenir !

Or, aujourd'hui il se trouve, qu'après trente-cinq années d'efforts, de labeurs, de luttes et, je puis le dire, de succès dans l'enseignement de la parole, je reviens à Bordeaux comme Président du comité central d'organisation et d'études d'un congrès national qui a précisément cet enseignement en vue ! Il se trouve que cet enseignement, successivement proclamé ou reconnu le meilleur aux congrès de Paris et de Lyon, acclamé comme tel l'année dernière au congrès international de Milan, adopté avec empressement par la presque totalité des institutions françaises et devenu l'enseignement officiel de nos trois institutions nationales, se présente au congrès de Bordeaux, continuation de celui de Milan, pour lui demander comme sa consécration nationale et les développements nécessaires à son affermissement et à sa complète efficacité parmi nous ! Il se trouve que Bordeaux, où Péreire en apportait il y a un siècle et demi, la conception et l'application initiales, et d'où je pourrais dire que l'idée est repartie, après plus d'un demi-siècle d'abandon pour Paris, le centre et le foyer de la campagne décisive, il se trouve que Bordeaux, la ville prédestinée ! est justement appelée à répondre à l'appel et aux derniers besoins de l'enfant devenu adolescent dont elle fut le berceau, et, pour ainsi dire, deux fois la mère ! Et de tant de circonstances significatives se dégage naturellement cette pensée chère, que Bordeaux va sans doute réaliser nos derniers vœux et être en France ce que fut Milan l'année dernière en Italie, c'est-à-dire la voix qui consacrera les longs efforts des amis des sourds-muets et du progrès, et de plus celle qui confirmera et développera le fait désormais accompli du triomphe de l'enseignement de la parole.

Et voila l'espérance !

Le comité central d'organisation et d'études, éclairé par

l'expérience des précédents congrès, a cru devoir ne soumettre que six questions aux délibérations de celui de Bordeaux, mais il a rédigé son programme de manière à répondre, quant à présent, aux besoins les plus généraux et les plus urgents de l'enseignement de la parole. Si ces questions sont traitées et élucidées avec le soin et les développements nécessaires, nul doute que l'enseignement de la parole n'en recueille en France les plus précieux résultats. A chaque jour suffit sa tâche, d'autres congrès viendront éclairer les points et résoudre les questions que celui-ci, qui ne pouvait tout embrasser, devait nécessairement laisser dans l'ombre et à l'écart.

Mesdames, Messieurs, notre œuvre est surtout une œuvre de cœur, encore quelques mots sortis du cœur, ne vous paraîtront peut-être pas sans opportunité, veuillez me les permettre.

Je me souviens qu'il y a quarante ans, il y avait à Bordeaux des autorités et, dans sa belle institution des sourds-muets, des administrateurs qui suivaient avec un égal intérêt l'œuvre d'un directeur et d'un corps enseignant dévoués, et qui leur apportaient l'appui réconfortant dont a besoin le travailleur sous le poids de la chaleur et du jour. La mort, qui ne cesse de frapper, en a hélas ! emporté la plupart ; mais j'espère que, de là-haut, leur esprit va planer sur ce congrès et se réjouir des perfectionnements qu'il promet à l'œuvre qu'ils ont aimée !

Nos morts, qui s'appelaient le baron Sers, MM. Duffour-Dubergier, Maillières, l'abbé Dulorié, Rabanis, Delprat, Valade-Gabel, sœur Ambroise Rousset, noms chers à Bordeaux, et que je suis heureux de rappeler et de saluer parce qu'un souvenir et un hommage leur étaient dus ici, nos morts n'avaient pas notre foi dans l'enseignement de la parole, et notre résolution de dépasser la mimique et l'écriture pour la généralité des sourds-muets leur eût certainement paru une témérité. Mais j'espère que de là-haut, dans la lumière d'horizons plus vastes et d'une initiation plus complète, ils vont applaudir à nos efforts, sachant bien mieux que nous, à cette heure, que, si la mort qui les a pris ne cesse de frapper ici-bas, la science et la charité sœurs, ne doivent pas, elles, cesser d'y combattre et de

marcher, criant toujours : « Et plus haut ! Et plus loin ! »
(Applaudissements.)

Je me souviens qu'il y a quarante ans un vénérable prélat,
dont la couronne de cheveux blancs imposait déjà alors le
respect à tous, venait, lui aussi, encourager nos modestes travaux et de plus, les bénir. Chargé de jours et de vertus, il appar-
tient au ciel, mais il est encore, grâce à Dieu, parmi nous, et
j'espère qu'il y restera assez pour pouvoir venir entendre tous
nos muets d'autrefois dire à son oreille ces fables et ces gracieux
récits que, trop longtemps, ils n'ont pu que mimer et écrire à
ses yeux.

Je me souviens qu'il y a quarante ans, les rares voix qui
s'élevaient, isolées et sans écho, en faveur de la parole, étaient
étouffées par celles qui, nombreuses, compactes et maîtresses
de l'opinion, s'élevaient autour de la mimique. Je me souviens
que, perdues dans le désert, c'est à peine si l'on accordait aux
premières le sourire de pitié qu'on donne à l'illuminé des
petites maisons. Mais aujourd'hui, à la vue de cette imposante
réunion où je retrouve, venus de toutes les parties de la France,
nos vaillants et fidèles compagnons des congrès de Paris, de
Lyon et de Milan, où je vois l'élite d'une de nos plus intelli-
gentes populations, ses magistrats en tête, nous prêter avec
le gouvernement du pays son attention et son concours, il faut
constater combien les temps sont changés, et combien l'opinion
éclairée et convaincue, s'empresse aujourd'hui, comme le fier
Sicambre d'autrefois, de brûler ce qu'elle avait adoré ! Espérons
donc, au seuil du congrès qui va s'ouvrir, que ce ne sont pas
les voix proscrites d'hier qui vont avoir à saluer le nouveau
César, appelé travail, charité et progrès, du *morituri te salutant*
du vieux gladiateur !

Je me souviens qu'il y a quarante ans, et qu'au congrès de
Paris encore, nous étions privés du concours de l'administration
supérieure et de celui de nos institutions nationales ; et aujour-
d'hui, en voyant l'administration supérieure si bien représentée
ici par M. l'Inspecteur général Claveau, et par M. Théophile
Denis, délégué spécial de M. le Ministre de l'Intérieur, ces deux

vaillants et si distingués champions de notre cause ; en voyant présentes ici, au moins moralement, par la pensée et la communauté d'idées et d'aspirations, à côté de l'Institution de Bordeaux, celles de Paris et de Chambéry qu'une circonstance indépendante de la bonne volonté de l'administration a empêché, au grand regret de tous, de s'y rendre effectivement, je ne puis oublier de constater que, pour la première fois, institutions nationales et institutions privées, fonctionnaires et particuliers, nous avons tous la main dans la main dans un même intérêt sacré ; et en présence de ce grand fait, il faut espérer plus que jamais du succès et de l'avenir de l'enseignement de la parole.

Dans mon rapport à M. le Ministre de l'Instruction publique sur le congrès de Milan, où cet enseignement fut acclamé, j'avais dit : « Seul, le corps enseignant de l'Institution nationale de Paris ne donnait pas sa note harmonique dans le concert, » il n'y avait là que l'expression d'un regret pour le passé et d'une espérance pour l'avenir, je saisis avec empressement l'occasion de le déclarer publiquement ici, et en même temps nous remercions l'administration d'avoir bien voulu répondre, comme elle l'a fait, à ce regret et à cette espérance.

C'est de l'initiative privée qu'est partie l'impulsion donnée à l'enseignement de la parole, mais, sans le concours de l'État, cette impulsion ne se serait jamais généralisée. Il était digne de l'État et de notre cause de dire : « cette cause est aussi et avant tout la mienne, car elle est un intérêt national, » et, la désignant à ses fonctionnaires, de leur dire : « Allez, vos compatriotes marchent, marchez aussi, marchez ensemble ! »

Quand le pays a besoin de sang pour sa défense, le sang du fonctionnaire et celui du particulier, également français et rien que français en face du danger, sont également bons et se mêlent glorieusement sur le champ de bataille ; de même quand le pays a besoin, pour l'éclairer et le servir, de lumières et de dévouements, les lumières et les dévouements du fonctionnaire et du particulier, également français et rien que français devant les besoins du pays, sont également bons et doivent se confondre sur le champ de bataille, glorieux aussi, de la science et de l'humanité ! (Applaudissements.)

Je ne finirai pas, Messieurs, sans remercier, au nom du comité central d'organisation de Paris, MM. les membres du comité local de Bordeaux du précieux concours qu'ils ont bien voulu nous accorder et qui, jetant un éclat inaccoutumé sur nos modestes travaux, va donner aux décisions de ce congrès une force et une autorité nouvelles.

Je ne finirai pas sans remercier plus particulièrement l'honorable président de ce comité, M. le préfet de la Gironde, son honorable trésorier, M. le trésorier-général du département, et son honorable secrétaire, M. le directeur de l'Institution nationale des sourdes-muettes, de l'activité, du zèle et de l'intelligence avec lesquels ils sont parvenus à nous aplanir les chemins et à nous assurer l'hospitalité de cette grande cité. J'apportais tout à l'heure un souvenir et un hommage à plusieurs des devanciers de MM. les membres du comité, je voudrais bien en ce moment être prophète et pouvoir leur dire, à eux : « Aussi dignes, mais plus heureux que ceux qui vous ont précédés, vous êtes ici à la tête d'une œuvre bien autrement large et d'une bien autre portée que la leur : c'est un bien autre succès qui vous est assuré ! » Mais ici encore, je ne puis qu'espérer, et j'espère !

Et, en attendant, je dis à tous : à l'œuvre ! à l'œuvre, pour le pauvre, pour l'infirme, pour le bien, pour l'humanité ! Et, comme travailler dans ce noble but, c'est travailler pour la patrie et pour Dieu, à l'œuvre pour la patrie et pour Dieu ! (Vifs applaudissements.)

Paris. — Imp. CHAIX (Succ. B), rue de la Sainte-Chapelle, 5. — 3911-1

www.ingramcontent.com/pod-product-compliance
Lightning Source LLC
LaVergne TN
LVHW021759210726
843510LV00016B/824